Ganz viele Küsse für dich

18 Kussgutscheine für den liebsten Schatz

GROH

Gutschein

für einen
Kuss mit
Kirschgeschmack

Gutschein

für einen
 ganz langen Kuss
im Regen

Gutschein

für einen dicken
Gute-Nacht-Kuss
(oder zwei, oder drei ...)

Gutschein

für einen
stürmischen Kuss
im Aufzug

Gutschein

für einen Kuss
auf den Bauch –
nicht nur bei Bauchschmerzen

Gutschein

für einen kuscheligen

Teddybärenkuss

Gutschein

für einen

Unter-Wasser-Kuss

(ohne Taucherbrille!)

Gutschein

für einen Kuss

bei Mondschein

Gutschein

für einen süßen

Schoko-Kuss

Gutschein

für einen

märchenhaften

Kuss im Park

Gutschein

für einen
Kuss unterm
Mistelzweig

Gutschein

für einen
lang ersehnten
Kuss

Ein Lächeln schenken

Geschenke sollen ein Lächeln auf Gesichter zaubern und die Welt für einen Moment zum Stehen bringen. Für diesen Augenblick entwickeln wir mit viel Liebe immer neue GROH-Geschenke, die berühren.

In ihrer großen Themenvielfalt und der besonderen Verbindung von Sprache und Bild bewahren sie etwas sehr Persönliches.

Den Menschen Freude zu bereiten und ein Lächeln zu schenken, das ist unser Ziel seit 1928.

Ihr

Joachim Groh

Bildnachweis:
Titel, Rückseite, Innenseiten (Muster): iStockphoto/Oksana Pasishnychenko; Titel, S. 1 (Kirschen), 15, 17: Hemera/Thinkstock; S. 2, 3, 4, 8, 9, 12, 13, 14, 16, 18: iStockphoto/Thinkstock; S. 5: Thinkstock Images/Comstock/Thinkstock; S. 6: Kevin Forest/Photodisc/Thinkstock; S. 7: Brand X Picture/Thinkstock; S. 10: iStockphoto/David H. Lewis; S. 11: Jupiterimages/Thinkstock; S. 17 (Telefon): Zoonar/Thinkstock.

Idee und Konzept:
Groh Verlag. Das Werk einschließlich seiner Teile ist urheberrechtlich geschützt. Jede Verwertung außerhalb der engen Grenzen des Urheberrechtsgesetzes ist ohne Zustimmung des Verlages unzulässig und strafbar. Das gilt insbesondere für Kopien, Einspeicherung und Verarbeitung in elektronischen Systemen.

ISBN 978-3-86713-858-1
© Groh Verlag GmbH, 2012

Immer eine gute Geschenkidee: www.groh.de